JN410627

쉼표에 젖는다

오승미 시집

쉼표에 젖는다

초판1쇄 발행 2022년 9월 20일

지은이 오승미
펴낸이 이길안
펴낸곳 세종출판사

주소 부산광역시 중구 흑교로 71번길 12 (보수동2가)
전화 463－5898, 253－2213~5
팩스 248－4880
전자우편 sjpl5898@daum.net
출판등록 제02-01-96

ISBN 979-11-5979-537-4 03810

정가 10,000원

쉼표에
젖는다

오승미 시집

세종출판사

머리글

혼자서 나부끼는 꽃 한 송이 피었습니다. 가던 길 잠시 멈춰 꽃에게 갑니다. 곁에 앉아 가만히 쳐다봅니다. 꽃은 내가 오는 줄도 모르는지 자꾸만 바람에 흔들립니다. 한참을 흔들리던 꽃이 빙그레 웃습니다. 우리는 비로소 서로 눈인사를 합니다.

첫 시작은 늘 떨림 속의 설렘입니다. 시를 사랑하고 사물과 친해 왔던 시간들을 모아 첫 시집을 냅니다. 부족하지만 큰 용기를 냅니다.

글을 쓸 수 있도록 이끌어 주시고, 텃밭의 시학을 몸소 느끼게 해주시는 부산여성문학인협회 명예이사장이신 정영자 교수님께 깊은 감사의 말씀 전합니다. 언제나 일일시호일 건강을 기원 합니다.

첫 시집을 내며, 이웃과 나누는 큰 사랑 가르치시는 우리 엄마께도 감사한 말씀드립니다. 오래오래 건강하게 저희 곁을 지켜주시기 바랍니다. 어머니, 사랑합니다.

텃밭을 찾아드는 푸름과 해와 바람 그리고 벌 나비, 무럭무럭 詩로 자라주는 호박, 오이, 고추, 가지, 상추 등 여러 초록이도 모두 고마운 순간입니다. 끝으로 늘 함께한 사랑하는 우리가족과 문우님들께 깊은 고마움 전합니다. 감사합니다.

오승미 올림

차례

제2장 차 한 잔의 여유

제3장 쉼표에 젖다

제4장 갈채

제5장 언 바람 찬가지에

제6장 산사의 아침

제1장

쉼, 봄을 먹다

봄을 먹다

그늘에 쌓인 눈 녹고
손바닥 햇살 빼꼼히
얼굴을 펼친다

따스한 봄볕
꺾어온 머위 한 줌
문우에게 전한다

나무 끝에 물들이는 봄
머위 쌈밥 가득 담아
밤 한 그릇 도둑 맞는다

쌉싸름한 향 혀를 자극하고
침샘을 가지고 논다

넉넉한 정 나눠 준 봄볕
터실한 피부는 윤기 흐르고
봄볕에도 머위 향 배어 있다

꽃비는

온종일 빗살무늬 햇살
움튼 가지마다
꽃망울, 꽃, 꽃비
하얗게 눈부시다

꽃비는 알았을까
필 때 당당함
질 때 아픔
하얗게 꽃비로 내리던 날

순간이 아름다웠고
빛을 모아 기쁨 주었고
가슴까지 적셨으니
봄의 향기 긴 여운으로 남으리

봄을 부르는 눈

가지산 자락 눈발 흩날리니
두 뺨 시큰 거린다
하얀 삭풍 몰려와도
시린 가지마다 옷고름 풀고
눈물겨운 흔들림 봄을 부른다

눈 감은 매화
느긋한 리듬으로 손짓 한다

봄맛 가득한 삼월,
가슴에 내린 눈
누가 남기고 간 흔적일까

버들강아지

물소리 어두운 냇가
햇살 한 움큼 내려앉자
나무가 솜털 짠다

가지마다 하품 소리 찬란하고
여린 솜털 강아지
서로 어우러져 몸 부풀린다

봄바람 버들강아지 흔들고
버들강아지는 봄을 흔든다

파리한 떨림으로 만개하려는데
시샘 많은 꽃샘 고개 들자
한가로이 흐르던 시냇물
보드라운 옷 한 벌 입혀준다

봄 편지

별 쏟아지는 바스락거림
까치의 희망찬 뜀박질
반가운 편지 햇살 배달한다

앙증맞은 연보라 수줍음
하루살이 고단함도 잊은 채
봄 가득 안고 기쁜 소식 전한다

설렘,
희망의 꼼지락거림
또다시 사랑

까치가 물고 온 봄
파릇파릇 가슴이 뛴다

쑥을 캐다

새벽 봄비가 내린다
바람 붙들고 춤추는 매화

지천에 꽃향기 가득
밭둑마다 쑥쑥 내민 얼굴
한 움큼 쑥을 뜯는다

별안간 향기 내세우며
풀려나온 소리
바람에 흘려보낸다

봄볕은 구부러지고
울음마저 흘릴 수 없는
깊은 상처 끌어안는다

쑥은 또다시 일어서며
따스한 봄 한 줌 내어준다

눈빛 맞춘 그대
당신도 쑥이 아니냐며
내 안에 네가 아니냐며
그대가 속삭인다

바람꽃

메마른 나뭇잎 화관 쓰고
곱디고운 얼굴
봄 가득 안고 찾아왔네

보랏빛 연지곤지 찍고
해맑은 웃음 마음까지
송두리째 열어두었네

추운 겨울
봄나들이 오셨으니
내 눈 안 머물다 가소서

나도 덩달아 이 봄
지천으로 사랑 꽃
피워보겠네

잡초들의 반란

이른 새벽 텃밭에 나선다
살랑거리는 들 바람
풀밭을 깨우자
이슬이 하품하며 일어난다

키 큰 잡초들
당당한 기세로 밭을 삼키며
호밋자루에 붙들려 눕는다

풀이 토하는 외침 바람에 뒹굴고
땅속 지렁이 온몸으로 덤빈다
낯선 풀벌레 흰나비 한 마리

서러워 마라

너의 빈자리 자리마다
그리움 품은 씨앗
초록 이야기로 솟아오를 테니

민들레 순정

낮은 돌 틈 사이
홀씨 하나 받아
곱게 품어준 흙 한 줌

햇살 바람 마시며
길섶 홀로 앉아
하늘 노랗게 물들인다

해맑은 꽃송이
해지면 가만히 오므리고
밤새 씨앗 맺어 깃털 날린다

날려 보낸 편지
덧없는 눈물 삼키며
자유 찾아 떠다닌다

가장 낮은 곳
작은 돌부리 사이
가느다란 뿌리 하나 내린다

봄 잔치

밤새 창밖에
봄비가 서성인다
어디만큼 왔을까

또각또각 또르르

봄을 몰아온다
봄을 껴안는다
봄을 터뜨린다

봄 바구니에 담뿍 담아
살포시 흩뿌린다

이것 봐
봄비는 알았을까
생명의 봄 잔치가
열리고 있다는 걸…

생강나무

햇살 한 줌 흘러와
나무 위 고이더니

몽글거린 노란 꽃망울
토오톡 터진다

바람이 두려웠다면
얼굴조차 내밀지 않았으리

손끝 아린 바람 끌어안고
의기도 당당하다

작은 꽃 몽우리 흔들림
알싸한 향기 산을 점령하고

봄은 희망 두르고
가지 끝에 걸터앉는다

봄 바다

침묵하던 바다
잔잔한 물결로
기지개 켠다

하늘은 바다를 품고
바다는 하늘에 안긴다

은빛 바다
옛사랑 이야기하고
일렁이는 바다 추억을 듣는다

잔잔한 봄 바다
추억처럼 구름이 안기었다

홍매화

차가운 햇살
단단한 껍질 속
꽃분홍 얼굴
살포시 내놓았다

쳐다보기만 해도
애잔하고 가냘픈 얼굴
어여쁜 꽃

작지만 연약하지 않고
애잔하지만 꼿꼿한 자존심

이른 햇살 먼저 받고
바람의 유혹 뿌리치고

누구보다 먼저
생명의 소식 알려준다

제2장

차 한 잔의 여유

찻잎의 꿈

먼 산 바라보다
흐르는 물소리 잠깨어
새벽안개 한 줌
연한 햇살 한 자락
고요한 마음 채우고

바람 소리 시는
세상을 귀로 열며
침묵으로 숨죽인다

밤하늘 별 한 조각
은은한 달 한 조각
마음으로 우려내며

맑은 잔에 일렁이는 옥빛은
이슬 한잔 더 마셨던 까닭

차향

차를 내리니
눈빛은 찻잔에

마음은 인정 어린
손길 읽고

향은 입안에 감돌고
맛은 침샘 가지고 노네

한 모금으로 맘 녹이고
은은한 향기로 채운다

차향이 이토록 그윽함은
그 속에 인향이 있었음을

매화차

나뭇가지 다닥다닥
몽글몽글 하얀 구슬

손 침으로 톡톡
꽃망울 두드리면

가지 끝 구슬 따라
수정 같은 눈물 한 방울

심장 한가운데
진한 향기 머금고
꽃으로 피어나리라

황차에 차 꽃 띄우니

조촐하고 맑은 시간
고성 차실에서 황차에
꽃 한 송이 띄워 마신다

혀 안을 감싸는 달달한 맛과 향기
온몸 잔잔하게 스며들고

고운 햇살에 숨죽이고
시들기기 긴 시간 정성 들여
사랑 품은 찻잎 고운 손길로
비벼 잠재워 만든 차 한 잔

따스한 맘으로 정성을 내리는
손끝에서 인향을 느끼고

고운 빛깔 찻잔에 띄워 마시니
맘까지 차향 꽃 향에 젖는다

인정 어린 이들과
시집 한 권

정이 담긴 다포 이야기에 순한 웃음꽃 피우고
그윽한 차향 가을바람도 맴돌다
차 향기 담고 간다

아직도 발효 중

메주콩 삶아 볏짚 덮어
아랫목 한 줌 재우면
콩은 스스로 끄집어내어
자잘한 실끈으로 몸 감싼다
강한 내음 피어오르면
모두가 코를 잡고 맴돈다

따스한 온기에 깊은 맛
질팍한 보리밥에 청국장
기억 속에 꿈틀거리며
살그머니 걸어오지만
먹어도 생각나지 않는 맛
아직도 콩은 발효 중인가

녹차 꽃

소담스레 웃는 그대
처음 만난 날
내 마음 흔들고 말았네

장미도 국화도 아닌 그대
어쩌면 이리도 고울까?

순한 꽃 웃음으로
향기 가득 머물고
나를 안아준 그대

가을 물빛 되어
그리움으로 피어난다

하늘 향기

세 가닥 삐죽 잎 가득 담아
쇠솥에 숨을 죽인다

숨은 아우성 똬리 틀고
덖고 비비고 털고 말린다
손에 든 향기 풋풋하고
찻물 든 장갑도
상쾌한 땀방울 적신다

잔속에 담길 맛을 꿈꾸며
숨죽이고 상처 내고
깊은 하늘 빛 향기
맑은 잔에 피어난다

기다림을 멈추지 않았기에
눈으로 마시는 옥색 봄빛
시인의 가슴에 내린다

어느 날

앞바다가 훤히 보이는
일광 찻집 보이마루
따스한 정이 모였고

잠시 쉬어가게나

바다가 맘을 잡고
바람은 눈을 붙든다
나란히 줄 선 찻잔들
순번 기다리듯
매무새를 갖추고 서 있고
담담한 향기와 은은한 맛
잔마다 숨겨둔 사연들

때로는 진하게
때로는 은은하게
때로는 부드럽게

찻잔 속 언어의 향기
맘속에 담는다

제3장

쉼표에 젖다

아카시아꽃 향기

오월 꽃바람 타고
하얀 입술 내밀며
생크림 향기로 부르는 꽃
흰 구름 볼 빰 비비며
꽃향기로 길 밝힌다

가시 찔린 바람도
향기 젖어 웃고
메마른 그리움 떠돌던
자벌레 혼절 시킨 향기

초록으로 뒤덮는 오월
미풍에 흔들리는 벌떼
위잉 거리며 향기에 취한다

인연

하늘이 펼치는 구름향연도
모였다 흩어지고
흩어져 다시 만나는 것처럼
스치고 지나가는 인연들

내 안에 간직한 씨앗 한 알
눈에 넣었더니
연초록 떡잎 솟구친다

갈수록 단단한 줄기를 만들어
피지 못한 몽우리도
야무지게 입 다물고 지내더니
다알리아 꽃송이로
따스하고 은은한 향기
하나 뿐인 꽃이 핀다

비와 인생

비가 부드럽게 내린다
비 냄새에 깨어난다
비를 찾기 전 비가 먼저
커피 한 잔 들여다 놓았다

비 한잔 넣어 마신다
창밖이 흔들린다
내 눈이 흔들린다

흔들리는 눈이 촉촉해지는 건
비가 그리워서가 아니라
비를 가슴에 들였기 때문이다

비 그치고 빗방울 맺힌다
유리창을 타고 흐른다
내 눈에 맺힌 빗방울도 흐른다
가슴에 담기에는 무거웠나 보다
눈에 맺힌 빗방울 털어낸다

비가 한 일

가문 땅에 후두둑 비가 내린다
시원함을 준 쑥갓
숲을 이루고 있다

상춧잎 손바닥처럼 커 있고
오이 덩굴손 풀 잡아채고
기운차게 올라간다

가지 꽃 보랏빛 뚜렷한 나무에
윤기 반질한 가지가 달렸다

더디게 올라온 토란잎
아기 손 흔들며 또르르 웃는다
호박 이파리 속에 둥근 얼굴들
인사도 안 하고 침묵에 젖어있다

고추들도 통통 살 오르고
바짝 마른 단 배추 열무도
누가누가 더 자라나 달리기하고
옥수수는 어느새 유치원생이다
그리고 더 달려 밖으로 나가
부풀린 개울물 길을 열어준다

텃밭에 쉼표

유월 햇살 늘어진 텃밭
비젖을 먹지 못한 상추가
쉼표에 젖는다

고랑 이랑에
쑥갓 오이 토마토 가지
차렷 자세로 서 있고

수런거린 흰나비들도
간간히 스며 비친 햇살에
숨 한 번 내쉬며 쉬어간다

다디단 흙덩이
아주 작은 쉼표 하나로
텃밭에 생기를 불어 준다

마침표 넘어 쉼표

파도치는 청춘

녹아 흐르던 햇살도 쉼표를 찍고
바람이 지휘하는 바다라는 무대
청춘이 살아 숨 쉬는 수변공원

수많은 사연과 힘겨운 불빛도
어둠을 삼키며 파도에 부서진다

웃음과 속삭임에 밤공기는 달고
밤이 깊을수록 깊어지는 이야기도

회 한 점에 소주 한 잔
낭만을 풀어내며 추억을 건진다

다이아몬드 브리지
흐르는 불빛에도 한잔내어주며
젊음과 함께 열광한다

새벽을 건너는 달

어둠 속 핀 보름달
둥근 달빛 강물 위
나신으로 흐르고

별들도 잠든 시간
빗살무늬 한 줌
뿌려준다

배회하는 긴 눈썹
다 토해내고 짓눌린 무게에
시리도록 창백한 얼굴

서성이는 어둠 끝자락
전깃줄 옥타브 솔 음 되어 걸렸다

떠나는 발자국 소리
가슴까지 채우고
오가지도 못한 발걸음

동트기 전 비우고 떠나렴
눈부신 해가 내 그늘 채워 줄 테니

장미의 노래

바람때 묻은 담벼락을 업고
거꾸로 길게 늘어뜨리고
하늘 바라보는 눈망울이 깊다

어디서든 상관없다
꽃의 여왕은 본분을 잊지 않고
기품이 살아 있다

감춰진 속내
취한 꽃향기 한술에
벌판 향해 기지개 펼친다

차면 기울 듯
변하지 않음 없다지만
굽어간 줄기에서도
담담한 미소 머금고
오월을 지나가는 당당한 자태
여왕은 바람을 녹인다

비 내리는 풍경

햇살이 잠든 사이
한바탕 소나기 지나간다
유리 창가 내린 비는
움직이는 수채화 한 폭

거미줄에 싱그런 빗방울
생기 찾아 고개 내민다
비 먹은 바람 불어오고
구름은 거미줄에 걸렸다

세수하고 나온 풀잎 위
물기 터는 나비 한 마리

마른 옷으로 엎드린 들판
한 모금 소나기로
다시 깨어난 초여름

초록은 말이야

초록은 말이야
풀잎에 차오른 웃음 손잡고
노래를 부르는 거야

비에 갇혔던
매미도 노래하고
흐르는 물도 노래해

돌아누운 잎새
솔바람과 합창하고
하늘도 초록을 담아
숲길 따라 노래해

초록은 말이야
나무도 풀도 사람도
청초한 연가를 부르는 거야

회동 수원지

잔잔하고 상냥한 물소리
연둣빛 잎 속에
하얀 별꽃 소곤거리며
수원지 문을 활짝 열어 젖힌다

물결 따라
때죽나무 꽃향기 온 산 점령하고
연한 햇살 따라
하얀 꽃잎 떨어지는데
꽃이 진 자리 향기가 짙다

아, 꽃잎처럼
아낌없이 비우고 또 비우며
꽃향기로 채워보련다

송도 흐림

비를 우산에 이고
거북섬으로 간다

후드득 내리는
비의 가슴에
배 한 척 띄운다

허기진 배를 바람과 안개로
가득 채우고
진득해진 비탈길
오르고 또 오른다

바다는 산을
비안개는 바다를 품어
초여름 향기에 흠뻑 젖었다

담양의 메타세쿼이아

초록이 하늘을 찌른다
여름이 흘러내린다

청정한 가지 펼치고
바람도 한 가닥 불어온다

메타세쿼이아 가지마다
아름다운 새들의 노랫소리
비발디 음률처럼 정답다

푸른 향기 살아있고
햇살들의 입맞춤 사랑스러운
이곳 담양의 메타세쿼이아

숲길은 커다란 생명이자
어머니의 따스한 품속이다

그리움

– 우리 아버지

길거리 카네이션꽃이
백만 송이 있으면 무엇하랴
물처럼 묵묵히 흐르는 세상

무심히 바라본 하늘
그리움이 걸어와
가슴 미어진다

천상에도 꽃피고
새는 날아다닐까

낮달 가슴에 꽃송이 달고
구름 위에 리본 풀린 케이크
바람에 기대어 통곡한다

두 눈에 고인 눈물
손수건 없이 흐른다

제4장
갈채

갈채

바람에 흔들리던 잠자리
나뭇잎에 뒤꿈치 들고
사뿐히 앉는다

여린 꼬리 흔들리며
더듬거린 아기마냥
흥얼거린다

첫 비행이었을까
앉을 자리 없는 회오리
거침없이 부딪혀 오는 바람

젖은 날개 펼칠 수 있기를
높은 흰 구름 볼 수 있기를

날이 저물어 휘청 일 때
낮게 낮게 더 멀리 가는
길 밝혀 주기를

이름 없는 나무에도
쉬어가며 꿈 전해주기를
빛이여 바람이여

맞잡은 두 손으로

– 아들 며느리를 위한 축시

가을이 곱게 물든 날
하늘 아래 제일 어여쁜 신부
지상에서 가장 듬직한 신랑

같은 길 걸어가는 동반자로 만나
그대들 앞길에 핀 꽃들이
환하고 빛이나 열매 맺기를

항시 등 기댈 수 있는 남편이기를
편안한 둥지가 되는 아내이기를
하늘이 낸 사위이기를
우주가 점지한 며느리이기를

첫발을 떼던 마음 잊지 말고
서로를 길들이기보다는
이해의 폭을 넓혀 배려하며
결혼 길 맞잡은 두 손으로
웃음으로 세상에 꽃 피우고
첫 출발처럼 꽃길만 걷기를

두 사람 바라보는 눈들이
그대들 사랑을 지키느니
단단한 울타리로 모두가 부러워하는 가정 이루기를

사랑의 절벽
– 괌여행 1

에메랄드빛 해안 따라
깊은 하늘빛 앉은 자리
핑크빛 햇살 가락지 끼워
새벽에 차오른 꿈 아스라이
막다른 절벽에 맞닿은 두 손

파도의 다독임 속에
마른 바람 눈물 내려놓고
파도등 타고 여행을 떠난다

바다가 울컥거린다
시퍼런 구름도 젖는다
마주 잡은 연인 절벽을 타고
떠오른 태양 찰나의 순간도
물거품처럼 사라지는데
자물쇠만이 따스하게 미소 짓는다

오팔 반지

무지갯빛 물방울
그리움 속에 녹아내려
눈먼 색깔 반지

주저 없이 건네는
소나기 선물 하나
손가락도 부풀어 오른다

맘이 오가는
눈이 오가는
정이 오가는

선한 눈빛 속에
맑은 음표 하나
기억 속에 보석 꽃 되어 떠돈다

다리 위에서

일출마저 주춤거린다
새들도 지친 날개 퍼덕이며
다리 위 둥지를 찾으려
몸부림이 눈부시다

갈매기들이 쏘아 올린 작은 빛
어둠을 몰아내고 비상을 꿈꾼다
행로가 정해지면
거침없이 날아갈 것이다

빛이 다리 위를 걷는다
물결이 다리 위에 넘친다

가을 길

바람이 지나가는 길 따라
여름이 가고 가을이 물든다
바다 위를 떠다니는 바람도
이제 가을 길을 걷고 있다

하얀 뭉게구름도 느긋하게
비취색 옷으로 갈아입고

가을 길 따라 여문 햇살도
나뭇잎 위에 살풋거린다

아 벌써
가을이
풋밤처럼 여물어 간다

물소리 농원

흰 구름 따라 물소리 농원에 간다

빨간 보리수 열매 눈길을 주고
윤기 흐른 손바닥 잎사귀들
허리 춤추며 악수한다

텃밭에 살아 숨 쉬는 먹거리들
빠른 손놀림으로 한 아름 보듬고
내려온 바람은 땀방울 먹는다

녹색빛 도는 농원에
함박웃음이 물소리 되어 흐르고

풀밭에 청개구리 한 마리
감성을 터뜨리고 간다

낙엽

청아한 가을 하늘 아래
따스한 햇살 담뿍 받고
초록일 때는 초록대로
붉을 때는 붉은 대로

그대는
있는 그대로 아름답습니다

긴 여정 마치고
이리저리 아무렇게나 누워있어도

바람 따라 구름 따라
세월의 흔적마저 순리에 따르는
철학을 가르칩니다

붉디붉은 이별마저
고스란히 태우는 마음
한 잎 재같이 가벼이 구르며
고운 춤으로 화답합니다

호박꽃 속의 비밀

해 질 무렵 산마루
둥근 달 떠오르면
뜰에 핀 호박꽃
무수히 노란 꽃등 켠다

아버지 옷깃에서
떨어진 동전
터질 듯 부푼 호박꽃 속
동전 한 닢 숨긴다

나팔꽃 입 다물고 웃는다
쉿! 비밀
달빛 베고 호박꽃 잠들고
잠 든 내 눈 미동도 없다

다음날 아침
이런,
비바람에 꽃잎 떨어지고
동전도 보이질 않는다

나의 비밀은 어디로 갔을까?

마음 길

걷는 길 어느 길목에서
길을 잃을 때가 있다
그때는 마음의 길로 떠나보자

침묵하는 숲이 있고
노래하는 새들 날아다닌다
깊이 간직했던 것들을 잊고
보이지 않은 길을 걸었던 어리석음
더 사랑하지 못한 미안함

눈을 감는 건
보지 않기 위해서가 아니라
마음의 길을 가기 위함이다

길 위에서 만남이 좋다

기억에 남는 날

고모님 오신다고
기별이 온 날
가족은 비상이다

엄마는 반찬 만들기
아버지는 마당 뒤뜰 정리
오빠는 할머니 방 청소
나는 할머니 손발톱 다듬기

정갈한 고모님
비단 한복 입으시고
정장 입은 남자분과
대문에 들어선다

쇠고기 한 봉지 바나나 한 아름
부자가 된 넉넉한 날

아고, 이쁜 우리 조카
내 어머니 손발톱 관리
참 잘해 드렸네
동전 한 아름 꺼내 주신다

흰머리 타고 내리는 세월
비단 치마만 나부끼던
그 하루 따스한 기억이
샛별처럼 눈을 뜬다

덫에 걸린 사랑

갓 내린 라떼
잔 채운 하트 하나
입술을 타고
목을 두드리는
부드러운 거품

혀끝에 달빛이
스미는 사랑
가슴 떨리는 그리움

바람을 탄 꽃향기도
커피 잔을 맴돌고
크레마는 흩어지는데
덫에 걸린 사랑은
꼼짝도 않는다

온몸에 퍼지는 향기
또 다른
덫에 걸린 나

제5장

언 바람 찬가지에

풍장 1

걸어온 길 꽃처럼
풍성했으면 그만이다
어깨 위 짐 내려놓자

벼랑 끝에 선 꽃이 지기 전
눈인사 한번 하고
날개 접은 새가 찾아온다

바람은 물을 이고 가고
햇살은 바람을 휘감는다
구름떼와 자유로이 놀다
잊은 듯 아스라이

마지막 어둠 내가 먹고서
마지막 가슴 내어주노라

나목에 비

회색빛 감도는 하늘 아래
만추 속 미소는 가고 없고
물든 잎 떨어진 길 위
겨울비가 내린다

낮게 엎드린 나뭇잎들
바람 차가운 손을 잡은 채
빗물 따라 길 떠나고

거울 속 남은 그림자
강물에 벗어 던진다

나뭇가지 앉은 바람도

망부화

멀리 망망대해
바닷길 돌고 돌아
바위 꽃대 위에
해국이 앉는다

바다가 하늘이고
하늘이 바다인걸
구름자락 끌어안고
노란 꽃술 웃는다

파도 곡조 편지도
달빛 그늘에 걸려
털어내지 못한 얘기
해풍 꽃송이 되어
망부화 서 있네

서리꽃

아침 햇살에 사라지는
눈부신 서리꽃

풀잎 눕히는 찬바람에
더 낮게 뿌리 내린다

밤새 지쳐 달려온 길
넝마처럼 두르고

어둠에 쓴 혈서인 양
찬란하게 삭아가며

따스한 햇살 내리면
소리 없이 눈물로 떠난다

마지막 아픔 떨구고 가는
집시 한숨이 토한 눈물꽃이여

후투티 새

어둠을 지우고 오는 아침
겨울나무 긴 침묵을 깨운다

찬 서리 덮인 잔디밭
후투티 새 한 마리
맑은 노래 부른다

화려한 댕기 두르고
맑은 바람 고운 목청
넉넉한 바람을 누린다

메마른 잔디밭에
파란 싹이 돋고

풀잎도 긴 부리에
체온을 나누어 준다

눈꽃

볼을 에는 눈바람에
눈부시게 흩날리는 꽃잎

막차를 타고
숨 가쁘게 달려와

언 바람 찬 가지에
덜컥 앉는다

처음부터 꽃이었다고
마지막 피워낸 꽃이라고

꽃잎은 하얀 기억 안고
가지마다 보석을 걸어 놓는다

파장

골목시장은 발길을 기다리고
졸고 있던 간판들은 하품을 한다

난전을 지키는 배추 무도
곁눈질하며
좁은 어깨 붙어있다

숫기 없는 상추는 생기를 잃고
비늘 젖은 물고기 퍼덕인다

골목 바람은 눈을 치켜뜨자
외등은 하얗게 선잠을 깬다

일렬횡대 줄을 선 파장
노을은 고단한 주름살로
돈 세는 손놀림 다림질하고

달빛은 마실 나와
등불 하나 매달고 간다

버스 정류장에서

거동이 불편한 노인
한 손엔 종이가방 한 손엔 지팡이
버스를 타려 하는데 차가 떠난다
한 아주머니 버스 꽁무니에 대고
지도 늙어 갈낀데

어두운 색조의 노인에게서
내가 오버랩되어 보인다

다음 버스가 도착하자
보호자가 되어 노인을 앞서 태운다

버스 안은 발 놓기도 힘들고
내 눈은 노인을 붙잡는다

노인은 젊은 남자분 손을 잡고 내리는데
뒷모습이 짠하다

소외된 그림자처럼 퇴장하고 있는
먼 훗날 내 모습에 빗방울 한둘 떨어진다

빈 수레 굴러가듯 외로이
정류장 기억이 쓸쓸히 흩어진다

제6장

산사의 아침

자장매

영축산 산바람
골짜기 따라 흐르다
금강송 솔향에 이끌리어
통도사에 닿으면

묵은 껍질 깨뜨리고
해탈에 닿은 눈부신 솟구침

비어있는 가지마다
진홍빛 마음 달아매
다시 피어난 봄

괘릉을 찾아

천년 바람 이는 서라벌
등 굽은 노송
임 그리는 목마름에
나무 보살 되었다

석상 옆 사자상
볼 비비는 바람 한 점
근엄한 표정에 달아난다

근육질인 십이지상
힘줄 돋는 조각품
천년 숨결 살아나
괘릉의 피를 뛰게 한다

통일을 이끌었던
서라벌 남은 여운
불멸의 신라인으로 서 있다

울주군 망해사

망해사 절 마당
굴참나무 가지에
가을 구름 홀로
가지에 흩어지고

익은 도토리 알알이
다람쥐 보석 되어
겨울을 맞이한다

뜰앞에 용 한 마리
천년 머묾 없이
망해사 부처 찾아
달빛을 춤춘다

멀리 개운포 바다
해일처럼 달려드는 처용

번뇌는 사라지고
법향 자리 펼치네

부처를 통한 세상의 빛

대원사 뜨락에 고요가 내린다
은은한 숲 향기 싱그러운
오뉴월 햇살이 길게 서 있다
절 마당엔 붉은 양귀비꽃들
여름을 부채질하고

새내기 연둣빛 풀들도
바람에 끌리지 않고 서 있다
불두화 하얗게 법문 풀어
속세에 낀 티끌 씻어 준다

작은 연못 울타리
보랏빛 창포 누운 자리나
어린 왕자 부처가
맑은 눈 지그시 굴리며
바오밥 나뭇잎 향해
손사래 치며 막는다

뿌연 사막 세상 떠돌다 온 바람도
오아시스 물빛 내밀며 지나간다

대원사

봉황 기운이 깃든 백제 고찰
극락전 향한 연지문 따라
오월의 흔들린 몸부림
가지런히 왕 목탁이 모아준다

고차수 군락지 찻잎은
앞산 숲을 마주 보며
법공의 승이 되었다

백의 관음보살도
달마 달마 새 벽화
정토 신앙과 참선 수행

머무름 없는 수행자의
부처를 향한 기도
길손들의 법등 되어 눈과 귀를 밝힌다

관음사를 찾아

– 전라남도 곡성군

묵언의 역사와
효녀 심청이 태어난
효 사상의 근원지

일주문을 담당하는
누교 형태의 금랑각 위로
고요히 흐르는 계곡수

난잡한 맘 한켠에 밀어내고
청량한 바람으로 채운다

겉으로는 조용하고
단아한 사찰이건만

화마의 흔적을 고스란히 안고
세상의 변화에도 아랑곳없이
자비의 효심을 수 놓는다

산자락을 얼싸안은
붉은 단풍은 불꽃을 토하고
만추의 바람은 적료한 산사를 어루만진다

어람 관음상

가을 햇살 한 움큼
노오란 단풍 하나 안고
연지못 수련 위에 살풋거린다

인적이 드문 법당 마당에
보기 드문 석조불상

관음사 수호신처럼
고달프면 쉬어가란 듯
물 한 모금 건넨다

자비의 수련인가
연지못 수련은
사찰의 갈증을 적셔주고

쏟아지는 햇살은
석불을 응원한다

산사의 아침

– 통도사

하늘을 메운 무성한 숲
청정한 나무 가지를 펼치고
싱그러운 향기로 아침을 연다

한적하고 고요한 아침
두 손 모아 합장하며
경내로 들어선다

스님들의 청아한 불경 소리
영축산 햇살 속에 울려 퍼진다

옥색 빛이 감도는 물이 흐르고
청솔가지 휘느린 나무가 있고
넉넉한 바위 앉아있는 통도사
그 품에 안겨 있었다

통도사의 금강송

금강송을 보라

푸르름 속 붉은 연장
마디마디 새겨진 수백 년 세월
가지마다 푸른 소망 걸렸다

송진향 가득한 숲길
법 향 배어 있는 사찰
겸허한 자세로 낮추며
두 손 모아 마음을 태운다

뜨거운 햇살은
몸과 마음 낮추라고
금강송 그늘 아래로
살며시 밀어낸다

영축산 바라보며

끝없이 펼쳐진 영축산 위로
청명한 가을 하늘 서로 닮은 듯 푸르다

경건한 마음 안고 하늘을 보니
영축산 기운 더욱 웅장해 보인다

정상에 올라 나는 바람이 되어
산 아래 여기저기 둘러본다
맑고 깨끗한 영축산 기운을
온몸으로 삼키며

일그러진 마음 편견 밀어내고
청량한 바람으로 천천히 채운다

쭉쭉 뻗은 소나무로 어우러진 산은
억겁의 고단한 삶을 응원하며
소생과 생존의 몸부림 묵묵히 받아낸다

산길 따라 내려오니 넓은 계곡물
소리 없이 흐르고
마음속 시름도 말갛게 씻는다

통도사 사찰을 품에 안은 청량한 산바람은
희망을 잉태하며 소박한 소망 살포시 뿌린다

영축산에서 만난 부처님

– 백운암

영축산 바람 가을을 안고
계곡에 흐른다

붉고 푸른 갖가지 색 연등,
몸을 태우듯 나의 가슴에도
심불을 밝혀준다

사찰이 주는 편안함
햇살의 이지러짐도 넉넉한 오후

고풍스런 무게감 느껴지는 법당

수많은 사람들 마음 속 염원일까?
곱게 정성으로 합장하는 모습
나를 더욱 낮춘다

백운암으로 오르는 길목
커다란 소나무들이 기세 높이 줄지어
사찰의 역사를 말해준다

계곡을 휘감는 바람 소리 물소리에
불심 밝히며 둥글게 차오르고
영축산 바라보는 나의 눈은
눈부신 웅장함이 아닌 어머니 품속이었다

통도사 자장암

통도사 모태인 자장암
소나무 펼쳐진 길 따라
풍경소리 열린다

지친 목마름
감로수 한 바가지 들이키고
이슬 같은 약수에 취한다

깊고 깊은 산사
불향이 장엄하게 솟고
운무는 산자락에 향 피운다

나를 낮추며
속세 높은 소리
내면 통로 귀에 담지만
금개구리 보살 나를 가둔다

멈추지 않고는 제대로 얻지 못함의
높은 법문이로다

통도사 산내 암자 관음암

봄비 다녀간 한적한 산길
풍경이 문을 열어주고
등나무 꽃향기
먼저 눈인사 건넨다

관음암
5층 석탑 뒤로
겹벚꽃 햇살 풀어준다

절 마당 한편에
연초록 보석 같은 돌나물
아낌없이 내어주고
노란 꽃 흐드러진 정
하늘 향해 심었다

못다 한 연둣빛 사연
절 마당에 걸어두고

관음암
봄바람으로 날아와
소박한 정으로 기억하리

새벽을 울리는 법문 소리

여기가 어딥니까

하늘 자락
법음이 울린다

상한 맘 다 비우고
새벽 공기 시음한다

머묾 없는 영축산 기운
산사에 울리는 목탁 소리
기구의 합장 물결치고

솔 위 걸린 바람도
묵언으로 지난다

세파를 이룬 어둠
골짜기 돌고 돌아
계곡물에 뛰어든다

| 해설 |

텃밭의 시학

정영자 | 문학평론가. 한국문인협회 고문

동심처럼 맑은 이미지와 역동적인 삶의 기쁨이 넘실대는 생활철학이 그대로 담겨진 오승미 시인의 시집 『쉼표에 젖는다』는 행복한 분위기 속에 함께해서 즐거운 오늘을 노래하고 있다.

텃밭은 가꾸는 그의 부지런한 발자국이 발레리나의 발끝처럼 가볍다. 그는 생활 속의 분주함 자체를 즐기며 동료문우들과 지인들에게 나누며 헌신하는 모범적인 낭송가요 독서지도사요 시인이며 한국유일의 시극단인 물소리시극단의 주요 단원이다.

2019년 문학계간지 『여기』 가을 호에 시인으로 데뷔하여 이제 첫 시집을 상재한다.

살뜰하면서도 다정하고 밝으면서도 우아한 언행으로 선후배의 사랑을 받는 시인의 길에 만발한 꽃을 피우기 시작했다.

할 말이 많고 표현하기 좋은 말들이 가득한 첫 시집의 구성진 가락을 외면하고 이미지의 단순화를 통한 메시지의 강렬함을 선택하고 있다. 삶의 결이 투명하게 반영된 단아한 기품이 묻어나는 시를 만날 수 있을 것이다.

필자의 텃밭이 있는 기장으로 녹차 잎을 따러간 2020년 5월에 그날 녹차팀장이 갑자기 제다製茶를 할 수 없는 돌발사건으로 오승미 시인과 필자는 양산 홍룡암으로 일정을 바꾸었다.

5월 햇살이 폭포를 쏘며 내리는 연못가에 앉아 황홀한 무지개를 보며 오후 한 때를 보내었다. 그녀와 처음으로 긴 이야기를 나누며 동심의 재주 많은 그를 더 가까이에서 이해하며 공감능력을 확대해 갔다. 그리고 그녀는 우리 텃밭의 입구 터를 조금 얻어 서투른 농사일 2년째를 넘기며 생명과 땅의 기운처럼 솟아나 잎 틔우고 열매 맺는 땅의 여인으로 탄생하게 된 것이다. 그는 재주 많은 동심의 시인이다.

> 밤새 창밖에
> 봄비가 서성인다
> 어디만큼 왔을까
> 또각또각 또르르
> 봄을 몰아온다
> 봄을 껴안는다
> 봄을 터뜨린다
> 봄바구니에 담뿍 담아

살포시 흩뿌린다
이것 봐
봄비는 알았을까
생명의 봄 잔치가
열리고 있다는 걸...

— 「봄 잔치」 전문

동심을 담은 동시 같은 시이다. 아동문학은 무엇보다도 원시문학으로서 원시성과 단순 명쾌성을 지녀야 된다. 봄이 오는 과정을 봄비로 노래하는 다양한 비유와 의성어의 깔끔한 활용으로 봄잔치를 노래하고 있다. 시어의 배치와 활용이 능숙하다.

사람이나 사물 사이에서 자연스레 발생하는 여러 움직임이나 상태를 흉내 낸 의성어, '또각또각'과 '또르르'는 다른 이미지를 가지고 있다. '또각또각'은 여자의 멋과 자태와 우월감을 경쾌한 발걸음으로 표현하였다면 '또르르'는 빗방울이 잎 위에서 떨어지는 자연의 소리를 나타낸다. 농부의 발걸음만큼 채소는 자란다는 평범한 진리가 봄이 오는 시간을 알리고 있다. 아동문학적인 접근으로 시의 경쾌함과 함께 점층법적인 "봄을 몰아온다. 껴안는다. 터뜨린다" 로 고조되면서 '어디만큼 왔을까', '이것 봐' 등의 대화체로 리듬을 타고 있다. 시의 멋과 독자들과의 소통이 재미있게 구성되어 있는 젊고 참신한 시의 기법으로 형상화되고 있다.

이른 새벽 텃밭에 나선다
살랑거리는 들 바람이
풀밭을 깨우자
이슬이 하품하며 일어난다

키 큰 잡초들
당당한 기세로 밭을 삼키며
호밋자루 손에 붙들려 눕는다

풀들이 토하는 외침 바람에 뒹굴고
땅속 지렁이 온몸으로 덤빈다
낯선 풀벌레 흰나비 한 마리
입을 다물고 지나간다

서러워 마라

너의 빈자리 자리마다
그리움 품은 씨앗
초록 이야기로 솟아오를 테니

—「잡초들의 반란」 전문

감동적인 시는 상상력 속에서 나온 기발한 발상에서 나오는 것이 아니라 발끝에서 나온 지금 여기의 서사와 서정에서 연유한다. 집에서 자동차로 20여분 거리에 있는 텃밭에 그는 자주 간다. 밭의 농부는 잡초들과의 전쟁을 한다. 뽑아도 뽑아도 돌아서면 바로 잡초가 채소를

삼킬 듯 풀의 위력은 대단하다. 이른 새벽에 텃밭에서 들바람이 살랑거리면서 풀밭을 깨우자 이슬이 떨어지고 잡초가 일어나는 현장을 군더더기 묘사 없이 간단명료하게 묘사하고 있다. 키 큰 잡초와 땅 속에서 지렁이가 힘차게 기어 나오는 현장을 리얼하게 표현한다. 그러나 시인은 "서러워 마라"는 단 한마디로 반전의 이미지를 노출한다. 호미자루로 풀을 제거한 빈자리에 씨앗을 심어 초록채소로 가득 자라게 할 것이라는 시인의 노래는 농부의 당찬 의지이기도 하다. 잡초의 반란을 제압하는 생산적인 시인의 창조적인 시적 형상화가 그대로 흙의 시로 탄생하고 있다.

유월 햇살 늘어진 텃밭에
비 젖을 먹지 못한 상추가
쉼표에 젖는다

고랑 이랑에
쑥갓 오이 토마토 가지
차렷 자세로 서 있고

수런거린 흰나비들도
간간히 스며 비친 햇살에
숨 한 번 내쉬며 쉬어간다

다디단 흙덩이

아주 작은 쉼표 하나로
텃밭에 생기를 불어 준다

마침표 넘어 쉼표

—「텃밭에 쉼표」 전문

'비'를 젖이라고 말한 시인은 비가 오지 않아 유월 햇살에 늘어진 상추의 상황을 "쉼표에 젖는다"라고 표현하였다. 골고루 바람과 햇살을 받을 수 있도록 고랑 맞추어 차렷 자세로 심고 가꾸어야 하는 아마추어의 텃밭에도 쉬어가야만 하는 농민의 노동이 힘겹다. 흰나비마저 햇살 속에 숨 한 번 내시며 쉬어가고 흙덩이 작은 알갱이 하나도 부서지며 편안한 생기를 불어주는데 텃밭의 마침표 넘어 쉼표의 의미를 부각시키고 있다.

텃밭은 상추, 쑥갓, 오이, 토마토, 가지를 열리게 하는 모성이다.

가문 땅에 후두둑 비가 내린다
시원함을 준 쑥갓
숲을 이루고 있다
상추 잎 손바닥처럼 커 있고
오이 덩굴손 풀 잡아채고
기운차게 올라간다
가지꽃 보랏빛 뚜렷한 나무에
윤기 반질한 가지가 달렸다

더디게 올라온 토란잎
아기 손 흔들며 또르르 웃는다
호박 이파리 속에 둥근 얼굴들
인사도 안 하고 침묵에 젖어있다
고추들도 통통 살이 오르고
바짝 마른 단 배추 열무도
누가누가 자라나 달리기하고
옥수수 키는 어느새 유치원생이다
그리고 더 달려 밖으로 나가
부풀린 개울물 길을 열어준다

—「비가 한 일」 전문

손바닥 같은 상추 잎, 오이 덩굴손, 윤기 반질한 가지, 이파리 속에 둥근 얼굴 호박, 통통 살이 오른 고추, 바짝 마른 단 배추, 열무는 비 없이는 자라지 못하지만 서로가 달리기 하고 옥수수 키는 어느새 유치원생으로 자란다는 서경시다. 농사일의 과정과 종류들이 오밀조밀 현장감 있게 표현되고 있다. 비의 고마움과 갖가지 채소들의 특성을 묘사하고 있다.

골목시장은 발길을 기다리고
졸고 있던 간판들은 하품을 한다

난전을 지키는 배추 무도
곁눈질하며

좁은 어깨 붙어있다

숫기 없는 상추는 생기를 잃고
비늘 젖은 물고기 퍼덕인다

골목 바람은 눈을 치켜뜨자
외등은 하얗게 선잠을 깬다

일렬횡대 줄을 선 파장
노을은 고단한 주름살로
돈 세는 손놀림 다림질하고

달빛은 마실 나와
등불 하나 매달고 간다

―「파장」 전문

사실적이고 현대적인 이미지로 파장의 골목시장을 묘사하고 있다.

주관적, 감상적인 흔들림이나 신파조 같은 난장의 단상은 없다. 지루한 하루를 지킨 널려 걸쳐진 간판을 하품하고 있는 풍경으로 묘사하고 배추나 무, 상추는 이미 생기를 잃어 팔리지 않은 고단한 농부의 지친 일과를 연상시키고 있다. 여기에 더하여 선잠 깬 듯 서 있는 외등과 돈을 헤아리는 주름살진 노인의 모습을 파장의 이미지로 클로즈업 하고 있다. 고단한 노인의 주름살 가득한 손놀림과 그 주름을 다림질해주는 듯 노을의 등장은 재치가 있다. 그러나 이 시는 달빛 등불의 등장으로 희망의 난장으로 내일을 열어가고자 하는 의미를 담고 있다.

파장의 객관적인 서술적 묘사가 하루를 보낸 시장의 현장을 달빛이 내려와서 등불처럼 밝히는 시장 골목을 영상으로 펼치듯 하다.

오승미시인의 시는 맑고 선명하되 부지런하게 삶을 긍정적인 측면으로 노래하는 삶의 찬가이다. 쉼표에 젖는 휴식은 결코 쉼이 아닌 내일의 텃밭을 일구어 가는 힘이며 열정이며 가족과 이웃에게 베푸는 사랑이다.

필자는 여러 번 감탄한다. 그의 시도 수준이상의 발효된 일상을 형상화시키고 있지만 가끔씩 "누구 집 며느리인지, 참하기도 하다"며 인간 오승미에 찬탄한다. 문운을 빌며 독자들의 일독을 권한다.